Ein Wörterbuch für Bastler

heimwerken

Ein Wörterbuch für Hobby-Handwerker,
Bastler, deren Handlanger
und andere Familienangehörige
von Victor Götz.

Mit Zeichnungen von
Manfred Limmroth
und Peter Großkreuz

TOMUS VERLAG · MÜNCHEN

WIE GESTALTET DER HEIMWERKER SEIN NÄCHSTES BUCH SELBST?
INHALTS ANGABE
BITTE HEUTE NICHT.
DANKE!
GOOD NIGHT!
LIMMROTH

A

Der Buchstabe A ist auch bei der Spezies „Heimwerker" der erste Buchstabe im Alphabet. Für ihn steht das A für „aller Laster Anfang". Bezeichnenderweise beginnt auch der Name des allerersten Heimwerkers mit A, nämlich „Adam".
Bitte? Sie wissen nicht, wer gemeint ist? Na, dieser unglückselige Junge, der sich vom ersten Heimwerkerweib dazu überreden ließ, die ersten Äpfel im Paradies zu klauen. Nun wollen Sie sicher wissen, was unser erster Heimwerker als erstes geheimwerkelt hat. Er hat den Grundstein zur heutigen Bekleidungsindustrie gelegt und den ersten Monokini in zartem Grün aus einem Feigenblatt geschneidert.
Die späteren Heimwerker haben ihn zu ihrem Schutzpatron ernannt, und das ist er bis heute geblieben.
Aber stellen Sie sich mal vor, der Adam wäre standhaft geblieben und hätte nicht in den Apfel gebissen, da wären wir ja alle noch im Paradies. Es gäbe keine Bohrmaschinen, keine Schwingschleifer, wir brauchten nicht zu tapezieren, keine Möbel abzubeizen. Es gäbe keine Beißzangen, keine verstopften Abflüsse, keine Heimwerkermärkte. Es gäbe noch nicht einmal dieses Buch, und das wäre doch wirklich schade.

Abbeizen	Ist die Kunst, allerlei neues chemisches Zeug solange auf alte Möbel aufzutragen, bis diese endlich versaut sind, der Geduldsfaden des Heimwerkers gerissen ist, und deshalb das gute alte Stück wieder auf dem Dachboden- oder, wenn vorhanden, in der Ofenheizung landet.
Abbeizmittel	Das sind sündhaft teuere Mittel, die der Heimwerker bei vorgenannter Tätigkeit nicht nur kiloweise auf alte Möbel, sondern insbesondere auf seine Heimwerkerkleidung schmiert. Was ihn stets veranlaßt, selbige vor seiner argwöhnischen Ehehälfte über einen längeren Zeitraum hinweg zu verstecken, um ihr später Vorwürfe zu machen, sie hätte seine geliebten Freizeitklamotten verschlampt.
Abfluß	a) merkwürdig geführtes Rohrsystem an der Unterseite von Waschbecken, Spülsteinen, Bade- und Duschwannen, das immer dann verstopft ist, wenn sich der Herr des Hauses gerade außer Haus befindet. b) umschreibender Ausdruck für des Heimwerkers eigenes Wasserabflußsystem. **zu a)** Bei der Reparatur dieses Systems kann der Heimwerker sein ganzes Können vor der staunenden Familie voll zu Geltung bringen (Sollte die Familie zu klein sein, können noch gute Freunde oder Nachbarn eingeladen werden).

Abbeizen:
„Hoffentlich stört es Sie nicht beim Galoppieren,
wenn ich ein bißchen in meinen Blumenkästen beize,
Herr Nachbar!“

Abfluß:

„Kannst Du bitte Minni sagen nicht auf's Häuschen zu gehen, solange ich den Abfluß repariere!"

Was der Heimwerker für die Reparatur braucht, sind zwei Dinge:
1. Einen Assistenten (dafür eignet sich gut die verzweifelt dreinblickende Ehefrau)
2. Eine Rohrreinigungsspirale, ca. 10 Meter lang. Die gibt es preisgünstig in führenden Heimwerkermärkten.
Während er nun das vordere Ende der Rohrreinigungsspirale kunstvoll in den Abfluß einführt, sorgt seine Assistentin am hinteren Ende der Spirale nach Anweisung des Meisters für die richtige Umdrehung. Und das klingt dann so: ,,Weiter — weiter — rechts, rechts hab ich gesagt — nein nicht links, r e c h t s, du dumme Gans.'' ,,Herrgottnochmal, weißt du nicht, was rechts und links ist?'' Kläglicher Einwand, 10 Meter entfernt, am hinteren Ende der Rohrreinigungsspirale: ,,Ich schaff' das nicht.''
Antwort des Heimwerkers: ,,Stell dich nicht so an, du dämliche Kuh...''
Der Abend dürfte gelaufen sein, zumal die Lautstärke der meisterlichen Anweisungen pro cm Rohrreinigungsspiral um 1 Phon zunimmt.
zu b) Die Reparatur dieses Systems wird nicht mit der Rohrreinigungsspirale durchgeführt, auch verläuft sie weit weniger lautstark. Einzig das Winseln des Heimwerkers ist auf den Gängen des Krankenhauses längere Zeit deutlich zu hören.

Abstandshalter

Unter preußischen Heimwerkern auch „Anstandshalter" genannt. Das ist ein äußerst kompliziertes Gerät, welches derjenige Heimwerker benutzt, der bereits einen oder mehrere Stammhalter (sprich Söhne) hat.

Der Abstandshalter wird nur in der Freizeit, meistens am Abend, wenn die Heimwerkereheleute zu Bett gehen, getragen.

In lauen Frühlings- und Sommernächten trägt der verantwortungsbewußte Heimwerker einen Abstandshalter mit doppelter Sicherheitsgarantie. Der Abstandshalter unterliegt wie das Heimwerkerauto einer Funktionsüberprüfung durch den TÜV.

Abstechen

d.h. einen Abstecher machen. Der Heimwerker verläßt dabei seine häusliche „Hobelbank" (siehe auch Hobelbank), um sich an fremden Hobelbänken zu betätigen. Meist handelt es sich dabei um die Hobelbänke von Heimwerkerkollegen, die gerade Nachtschicht haben. Das wichtigste Requisit für einen solchen Abstecher ist ein „scharfer Abstechstahl".

Abstechstahl

Eine Art Werkzeug, das der Heimwerker für seine Abstecher braucht.

Alarmanlage

Auch „Fluch der Technik" genannt, ist eine für viel Geld kunstvoll montierte, elektronische Sirenenanlage im Einfamilienhaus, die immer dann

Ampère:
oder das Geheimnis des elektrischen Stroms.

1. Unsere alten Germanen kannten noch keine Elektrizität, wußten aber schon: Wenn man auf einen Knopf drückt, kann etwas passieren.

2. Drückt der moderne Mensch von heute auf einen Knopf, tut er das als Beherrscher des Stroms und der Unterhaltungselektronik.

3. Dank des elektrischen Stroms ist der Mensch nie mehr einsam, ist das Leben irrsinnig abwechslungsreich und interessant geworden.

4. Der elektrische Strom ist nach wie vor ein Rätsel und ein gefährliches Tier. Die Benutzung eines Stromprüfers ist unerläßlich.

5. Tante Tilly hinterließ einen Toaster, den das kleine Albertchen erbte, und der beim Indianerspielen noch recht nützlich war.

6. Ärgerlich ist am Strom: daß man nicht mit ihm diskutieren kann, er sich hinterlistig versteckt, knallt oder plötzlich weg ist.

7. Bedauerlich, daß Frauen technisch außergewöhnlich ungeschickt sind und nur rein zufällig mal eine praktische Idee haben.

8. Was sagt Prof. Dr. Dieter Darmstadt, der berühmte Elektronik-Forscher, zum vorsichtigen Umgang mit dem Strom im Haushalt?

losgeht, wenn die ganze Familie, und mit ihr die ganze Straße, in der sie wohnt, bereits friedlich schläft.
Schreckt Einbrecher nur im ersten Berufsjahr ab, dann nicht mehr.

Ampére

a) André Ampére — auch ein berühmter Heimwerker.
b) Maßeinheit für die Stromstärke. Die Skala reicht vom leichten „Kribbeln in den Fingerspitzen" bis zur „halbseitigen Lähmung".
Der routinierte Heimwerker weiß, wovon hier gesprochen wird. Am besten kann der Heimwerker die Stromstärke (er)messen, wenn er sich barfuß auf eine feuchte Unterlage stellt und mit einem nicht isolierten Schraubenzieher eine Steckdose repariert (ein Tip vom Autor). Prüfen Sie bitte vor einer solchen Aktion, ob Sie auch die letzte Rate Ihrer Lebensversicherung pünktlich bezahlt haben, ob Ihr Testament rechtsgültig ist und ob das örtliche Bestattungsunternehmen ein passendes Angebot für Sie parat hat.

Ankerdübel

Das ist nur etwas für die ganz erfahrenen Freizeitkapitäne unter den Heimwerkern. Mit dem Ankerdübel, das sagt ja das Wort schon, befestigt der Freizeitkapitän den Anker seines Schiffes auf dem See- oder Meeresgrund, wenn dieser auch nach mehreren Ankermanövern nicht festmacht.

Anstreichen

Praktisch gibt es nichts, was der fleißige Heimwerker während seines Heimwerkerlebens nicht anstreicht.
Das fängt bei der einfachen Wand- und Deckenmalerei an, geht über das Anstreichen von Türen, Fenstern, Stühlen, Schränken (siehe auch Lackieren) bis hin zum neuen Anstrich für das Heimwerkerauto.
Manche Heimwerker haben sogar die ,,Höheren Weihen'' und streichen ihre ,,bessere Hälfte'' an, schicken diese dann in den Faschingsrummel und merken am Ende gar nicht, daß sie die eigentlich ,,Lackierten'' sind.

Anstrichtechnik

Gleich was Sie, und womit Sie anstreichen, in jedem Fall muß erst einmal die Farbe kräftig aufgerührt werden. Nehmen Sie dazu am besten den bewährten Haushaltsquirl Ihrer Gattin. Aber Vorsicht! Tun Sie dies nur, wenn die Gute fest schläft, (z.B. nach dem Samstagskrimi im Fernsehen) oder wenn sie einen längeren Einkaufsbummel macht (meist um den Ersten des Monats).
Also wie gesagt, nehmen Sie den Quirl, tauchen ihn in die Farbe und schalten Sie das Gerät auf Stufe drei. So wird Ihre Farbe gut durchgemischt. Das Ganze machen Sie ungefähr drei Minuten, dann können Sie mit dem Anstreichen beginnen.
Ach so, ja natürlich, den Quirl hätten Sie vorher

Anstrichtechnik:
„Jetzt sei ein ganz braves Fifilein und gib endlich den Pinsel wieder, – oder soll dir dein liebes Herrchen erst den Hals umdrehen?“

ausschalten müssen. Aber machen Sie sich wegen der paar Farbspritzer auf Teppich und Möbel keine Sorgen. Da gibt es heute in beinah jedem größeren Lebensmittelmarkt Mittelchen, die praktisch alles entfernen — unter Umständen den ganzen Teppich.

Wenn Sie Ihren Kanarienvogel zum Frühjahr hin neu streichen wollen, sollten Sie darauf achten, daß die Farbe wasserfest ist. Kanarienvögel baden nämlich gerne.

Arbeitsplatz

Der Arbeitsplatz des Heimwerkers ist grundsätzlich der Platz an dem er arbeitet; nachzulesen in der HWDV 10/10 (Heimwerkerdienstvorschrift).

Z.B. kann sich der Heimwerker den Wohnzimmertisch für kleinere Klebearbeiten mit Patex oder Tischlerleim aussuchen. Für Laubsägearbeiten ist der Eßtisch hervorragend geeignet. Löt- und Schweißarbeiten sollten nicht im Schlafzimmer durchgeführt werden, können aber.

Der Arbeitsplatz des Heimwerkers ist auch für zufällige Besucher leicht an der für den Heimwerker typischen Ordnung zu erkennen.

Atemmaske

Atemmasken für Heimwerker und deren Familien gibt es weltweit in zwei Standardausführungen.

Da ist zunächst die AD-Maske zu erwähnen, eine sogenannte Antiduftmaske. Sie wird vorwiegend von der Heimwerkerfamilie benutzt, wenn der

Arbeitsplatz:
Geschickte Heimwerker werden auch in der Firma bevorzugt behandelt, weil man sich privat einiges davon versprechen kann.

Badeinbau

Heimwerker z.B. auf dem Küchenherd seinen eigenen Knochenleim kocht. Die Maske wird auch gerne von der Heimwerkerehefrau im Ehebett benutzt, wenn sie befürchten muß, daß ihr Heimwerkergatte infolge einer besonders kniffligen Heimwerkeraufgabe reichlich Bier und selbstgebrauten Schnaps in sein Heimwerkerköpfchen geschüttet hat.

Vorsicht: Die AD-Maske schützt die Heimwerkerfrau nicht vor einer ungewollten Schwangerschaft, wie die Hersteller dieser Masken immer wieder behaupten, zumal der Heimwerker am Samstag abend im dunklen Schlafzimmer sehr angriffslustig sein soll.

Die zweite Standardmaske für Heimwerker ist die ABC-Maske. Allerdings wird diese Maske nur von Heimwerkern benutzt, deren unumstößlicher Wille es ist, ihr Heim mittels kleiner Heimwerker ABC-Waffen gegen jegliche feindliche Angriffe zu schützen. In aller Regel sind dies die politisch verantwortungsbewußten Bild-Zeitungs-Leser.

B

Badeinbau Auch Einbaubad mit Einbaufehlern — oft mit bis zu 5% Preisnachlaß. „Als geschickter Heimwerker werden Sie aus der einmaligen Lage noch etwas Besonderes machen können."

Bandmaß:
„Also schön, – wenn du willst, daß wir unbedingt viel Geld ausgeben, dann rufe halt jetzt den Tischler!“

Bandmaß

Bei bayerischen Heimwerkern heute noch gültige Maßeinheit, der nicht das Dezimalsystem zugrunde liegt. Gemessen wird beim Bandmaß in senkrecht stehenden und gut gefüllten Maßkrügen.
Kreuzung zwischen Schrupp- und Schlichtfeile. Im Volksmund auch das weibliche Produkt einer Ehe zwischen einem bayerischen Heimwerker und einer nordischen Hausfrau.

Bandsäge

Unentbehrliches Gerät für die Demonstration des Zaubertricks „Zersägte Jungfrau" bei größeren Hausfesten des Heimwerkers.
(Für die Demonstration muß nicht unbedingt eine Jungfrau besorgt werden, mitunter tut's auch die Heimwerkergattin). Bei der Vorführung muß der Heimwerker darauf achten, daß die Dame in Schnittrichtung der Bandsäge keine Metallknöpfe oder Metallreißverschlüsse trägt, da ansonsten die Zinken der Säge sehr schnell stumpf werden.
Die Bandsäge wird bei professionellen Holzheimwerkern auch dazu benutzt, sich einen oder mehrere Finger abzusägen, woran man diese Gattung Heimwerker von anderen Heimwerkergattungen leicht unterscheiden kann.

Bandschleifer

Bereits älterer Heimwerker, der in der unglückseligen Armee eines gewissen Obergefreiten Adolf Hintler, oder Hiltner, oder so ähnlich, einen Job als Rekrutenausbilder innehatte.

Beinageln

Bevor ich diesen Begriff näher erkläre, möchte ich empfindliche Leser darauf hinweisen, daß Heimwerker auch nur Menschen sind die, wie wir „normale Menschen" auch, einen ungebrochenen Drang zur Vervielfältigung haben.
Beim Heimwerker heißt das, was zur Vervielfältigung führt — nicht beischlafen, sondern beinageln.
Die Technik ist ähnlich wie die beim Beischlafen. Allerdings sollen musikalische Heimwerker gelegentlich die Amboßpolka dazu pfeifen. Übrigens führt nicht jede Beinagelung gleich zur Vervielfältigung.

Beißzange

a) Werkzeug, welches der geschickte Heimwerker in Ermangelung eines Hammers als Hammer benutzt. Eignet sich hervorragend zur Herstellung von Blutblasen aller Größenordnungen.
b) unverschämte und respektlose Bezeichnung für eine treusorgende Heimwerkergattin. In diesem Zusammenhang wird der Ausdruck meist an Heimwerkerstammtischen und nach dem Genuß mehrerer Biere gebraucht.

Beton

Eine Masse aus Zement, Sand und Wasser, die der Heimwerker meistens in die Eimer und Wannen seiner Gattin abfüllt und dann hart werden läßt, was diese Behältnisse so schwer macht, daß sie jahrelang unangetastet im Heimwerkerkeller stehen bleiben.

Beißzange:
Beim ersten Ton, den du jetzt meckerst, begehe ich einen Lustmord!“

Blähtonwand:
„Man lehnt in einer Neubauwohnung eben keine Leitern an die Wand!“

Bei italienischen Heimwerkern hat der Beton noch einen weit höheren Stellenwert als bei uns. Sie fertigen daraus Grundsteine für alle möglichen und unmöglichen Gebäude, wobei sie stets im Inneren des Grundsteins einen ,,guten Freund'' eingegossen haben.

Bimsbetonstein

Eigentlich ist das Wort falsch geschrieben, aber das scheint nur so. Der routinierte Heimwerker verschlüsselt gerne seine Fachausdrucke vor uns gemeinem Volk (In Wahrheit muß es heißen — Bumsbetonsteine — den Rest können Sie sich wohl denken.).

Bimsmehl

Hier ist es das Gleiche. In Wahrheit heißt das garnicht Bimsmehl.
Offen gestanden, bei allem Nachdenken, ich bin nicht darauf gekommen, wozu man beim ,,Bimsen'' Mehl braucht.

Blähtonsteine

Beliebtes Nationalgericht schwäbischer Heimwerker. Das Rezept finden Sie im Kochbuch unter dem Begriff ,,Linsen und Spätzle''

Blech

Blech ist des Heimwerkers beliebtestes Material. Über Blech wird ständig gesprochen. Der eine redet stückchenweise Blech, der andere einen ganzen Haufen Blech. Der dritte überlegt, ob das, was der eine gerade gehört hat, auch tatsächlich Blech ist. Mit anderen Worten: Blech ist das billigste Heim-

	werkermaterial, das bei den Heimwerkern ständig in aller Munde ist, gleichgültig, ob es sich um junge oder alte handelt.
Blechnieten	Das sind Heimwerkersprüche, die von anderen Heimwerkern sofort als Sprüche, sprich „Nieten" erkannt werden.
Blechzange	Das ist eine Sonderspezies der „Beißzange" (Heimwerkergattin, die weniger bissig ist, dafür ständig einen Haufen Blech redet).
Blei	Allroundwerkstoff: Wird z.B. zum Bleigießen in der Silvesternacht verwendet. Die amerikanischen Heimwerker des vorigen Jahrhunderts haben Blei für das wenig bekömmliche Leibgericht „Blaue Bohnen" verwendet. Blei kommt hauptsächlich in Rhein- und Bodenseefischen vor, weniger im bleifreien Benzin. Ist heute eines der Hauptnahrungsmittel von beamteten Personen, weshalb selbige immer schwerfälliger werden.
Bördeln	Der Begriff ist aus dem Englischen übernommen worden und stammt von dem Wort „bird" (engl. Vogel) ab. Martin Luther, oder war es ein anderer?, hat dann aus dem ursprünglich englischen Begriff birdeln = vogeln das altdeutsche bördeln = vogeln mit ö gemacht.

Blechzange:
„Soll ich zuerst den Arzt, den Klempner oder das Wasserwerk anrufen?“

Bohrfehler:
„Ihre Schuld, gnädige Frau!
Sie hätten halt den Jungen sagen müssen,
was man unter ‚Wohnung anstreichen'
versteht!"

bohren	Eine Tätigkeit, die jeder Heimwerker beherrschen muß. Man kann in Holz bohren, in Wände, in Metall, in der Nase usw. Es können große und kleine Löcher gebohrt werden. Was der Heimwerker dazu braucht, ist ein anständiger Bohrer.
Bohrer	Das ist ein Werkzeug, das zum Bohren gebraucht wird, aber leider meist stumpf oder abgebrochen in irgendeiner Werkzeugschublade liegt. Sollte sich aber zufällig ein intakter Bohrer finden, dann braucht der Heimwerker zum Bohren noch eine Bohrmaschine.
Bohrfehler	Das ist auch wieder so ein verschlüsselter Heimwerkerausdruck. Von einem Bohrfehler spricht man in Heimwerkerkreisen dann, wenn der Heimwerker sich z.B. einen Sohn gewünscht, die Gattin ihm aber eine Tochter geschenkt hat. Von Bohrfehler spricht man auch, wenn der umgekehrte Fall eingetreten ist.
Bohrmaschine	Sie sehen schon, das Bohren wird langsam teuer. Sei es wie es sei, die Bohrmaschine jedenfalls ist eine Maschine, die, soweit mir bekannt ist, durch einen Elektromotor angetrieben wird, der soviel Krach macht, daß der Nachbar nebenan sich in seiner nächtlichen Ruhe gestört fühlt und dann mit einem Fleischklopfer solange gegen die Wände trommelt, bis der arme Heimwerker gänzlich den Bohrrythmus verloren hat.

Bohrtechnik

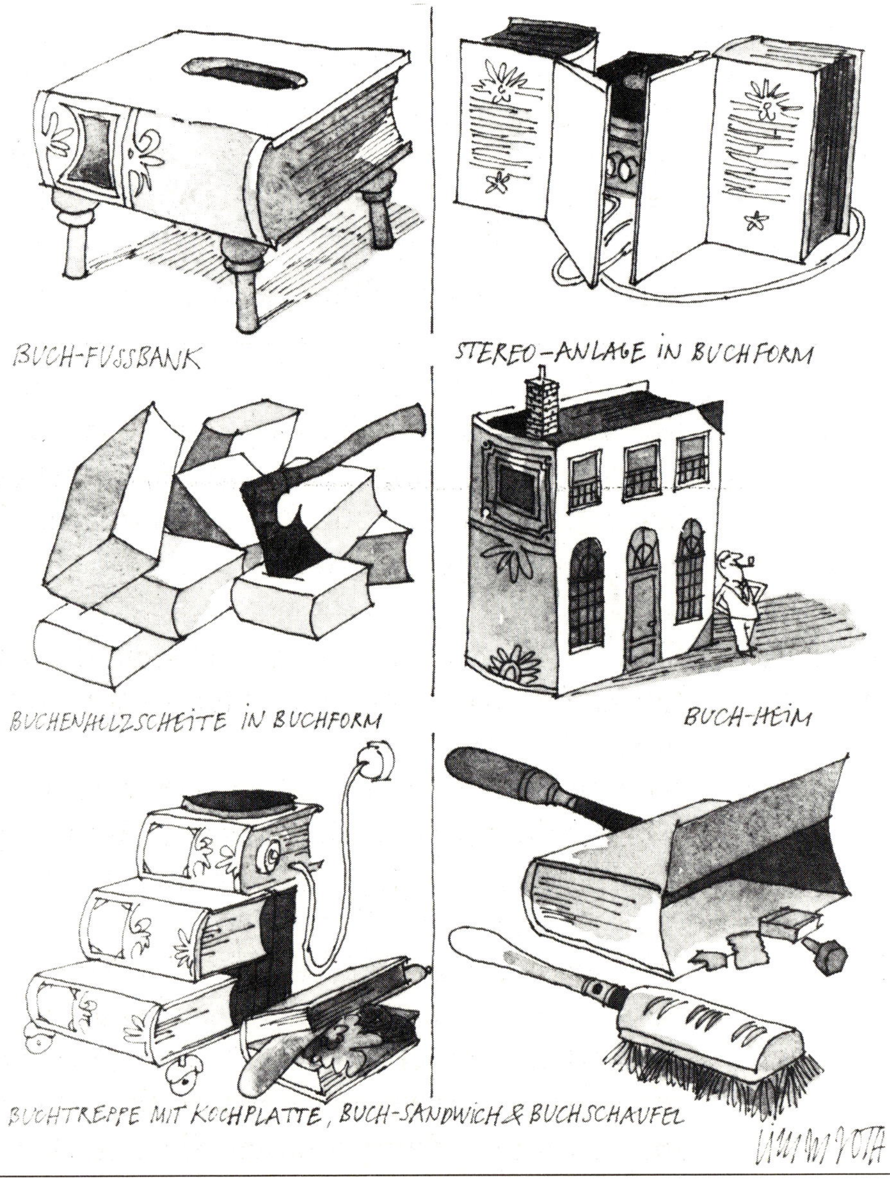

Bohrständer	Für gewisse Bohrvorhaben benötigt der Heimwerker einen Ständer. Genügt Ihnen diese Auskunft?
Bohrtechnik	Eine zuverlässige Bohrtechnik zur Vermeidung von Bohrfehlern gibt es derzeit noch nicht. Im „Land der unbegrenzten Möglichkeiten", sprich in Amerika, laufen im Augenblick hierzu sehr intensive Versuche. Sobald konkrete Ergebnisse vorliegen, wird der Verlag selbige sofort veröffentlichen.
Brenner	Eigentlich muß es Schwarzbrenner heißen. Besonders im Bodenseegebiet weit verbreiteter Heimwerkerstamm, der in Heimarbeit seinen Schnaps selbst brennt. Wird von übereifrigen Zoll- und Finanzbeamten ständig zu Unrecht verfolgt.
brünieren	Eine Tätigkeit, die eigentlich dem Friseur vorbehalten ist, von sparsamen Heimwerkern aber gerne ausgeübt wird. Vor dem Brünieren muß der Heimwerker, soll sein Werk gelingen, erst einmal seine Heimwerkergattin durch ruhiges und gutes Zureden in eine Art „Opferlammstimmung" bringen. Weiter ist sehr wichtig, daß der Heimwerker die verwendete Chemie nicht zu sparsam auf das Haupthaar seiner besseren Hälfte aufträgt. Sollten überraschenderweise die Haare Ihrer Frau Gemahlin ausfallen, dann müssen Sie das Brünieren so-

Charakterfrage

1. Wenn die Winterkälte knackt und knirscht, wenn der Regen regnet, neun Monate im Jahr:

2. Was gibt es Schöneres, als daheim auf der bullernden Gasheizung zu hocken . . .

3. Die alten Germanen sind auch nicht nach Mallorca geflogen, bloß ihrer Eisbeine wegen.

4. Sie blieben Ihrem Heim im Teutoburger Wald treu. Damit die Heizung nicht einfriert.

fort stoppen und die Gebrauchsanweisung für die Chemie noch einmal aufmerksam durchlesen. Verlieren Sie auf keinen Fall die Geduld — denken Sie daran, es ist noch kein Meister vom Himmel gefallen. Das muß auch Ihre bessere Hälfte kapieren.

Brustleier Spezial-BH für Heimwerkergattinnen, deren Busen, aus welchen Gründen auch immer, schon etwas ausgeleiert ist.

Buchbasteln Immer wieder kriegt man dämliche Bücher geschenkt und weiß nicht, wohin damit. Hier ein paar ideale Verarbeitungsvorschläge.

Bügelsäge a) In Ermangelung einer professionellen Bandsäge kann der Zaubertrick „Zersägte Jungfrau" auch mit einer Bügelsäge vorgeführt werden. Allerdings fehlt einer solchen Vorstellung die Eleganz.
b) Handliche Nervensäge.

C

Charakterfrage Wer sich daheim ausgeheimwerkert hat, versucht, ins feindliche Ausland auszuweichen, wie unser Bericht „DAS TRAUMHAUS IN DER TOSCANA" zeigt. Aber der deutsche Heimwerker gehört nun einmal auf die deutsche Scholle. Da beißt keine Maus keinen Faden nicht ab. Was hat man denn von so ein paar schäbigen Urinen?

D

Dreizack	a) eine Erfindung des ersten Unterwasserheimwerkers, genannt Neptun. Was der Kerl mit dem Dreizack nun wirklich unter Wasser gemacht hat, ist bis heute nicht bekannt geworden. b) Ein Gerät, das den Doppelhobeleffekt zusätzlich erhöht.
Druckspüler	Das ist eine Gattung Heimwerker, die ein sehr dominantes Weib zur Ehefrau, es aber noch nicht zu einer modernen Geschirrspülmaschine gebracht hat; d.h. in Wahrheit sind sie selbst die Spülmaschine. Druckspüler nennt man diese bedauernswerten Geschöpfe deshalb, weil sie nur unter dem Druck ihrer Beißzangen, pardon, ich meine natürlich Ehefrauen, das Geschirr spülen.
Dübel	Für ein Wandbohrloch gedachter, meist nicht passend vorhandener hohler Plastikstopfen, der seinem Erfinder zu einem Millionenvermögen verholfen hat.
düblen	nennt man das verzweifelte Suchen des Heimwerkers nach einem passenden Dübel.
Dünnbrettbohrer	Den Ausdruck könnte man mit Sonntagsheimwerker übersetzen. Dünnbrettbohrer, das sind meist

5. Der deutsche Mensch taugt nicht für die südliche Hitze. Mal nach Österreich oder nach…

6. Kaiser Barbarossa ist nach Italien seinerzeit. Und was hat er davon gehabt? Ertrunken ist er.

7. . . . Dänemark, man ist ja Regen gewohnt. Aber: Traumhaus, Traumgrundstück . . .

8. . . . das gibt es doch gar nicht, das ist was zum Träumen, heißt ja auch deshalb so. Oder?

Heimwerker im besseren Angestelltenverhältnis (z.B. Abteilungsleiter aufwärts), die mit einem 150 Gramm Hammer einen 10 Zoll Nagel in ein Brett einschlagen wollen und niemals den Nagel, sondern ihren Daumen treffen.

---

durchdübeln Das ist ein umschreibender Ausdruck für Durchdrehen. Der Heimwerker dübelt z.B. durch, wenn er beim „Dübeln“ über einen Zeitraum von 30 Minuten hinweg nicht den passenden Dübel gefunden hat.

Durchbruch „Wo nichts ist, fehlt was“, sagt eine alte Heimwerker-Regel. Einen Durchbruch zu machen, ist ein besonders beliebtes Heimwerker-Hobby. Es gehört unterschwellig in den Bereich „Ausbruch, Einbruch, Flucht“. Durchbrüche wollen unbeobachtet durchgeführt sein. Ein Musterbeispiel edelster Heimwerkerarbeit: Herrn Dipl. Heimwerker Alois Neuwirth, Holzkirchen, gelang der geheime Privatanschluß an die Autobahn Salzburg—München. Genehmigte Luftaufnahme.

E

Einkomponentenschaum Billiges in Heimarbeit selbst hergestelltes Haarshampoo.

Einsteckschloß Das ist ein Schloß, welches den mittelalterlichen Keuschheitsgürtel abgelöst hat. Wird aber nur von

Durchbruch

Elektronik-Tacker

eifersüchtigen und vor allem mißtrauischen Heimwerkern bei ihren Ehehälften angebracht, wenn sie selbst außer Haus oder gar außer Landes sind. Das moderne Einsteckschloß ist aus nichtrostendem Messing gefertigt und trägt nicht auf. Zudem ist es auch für kritische Tage geeignet.

Elektronik-Tacker

Nach wie vor bleibt das Holz der beliebteste Heimwerker-Werkstoff. Viele Heimwerker wenden sich dem Nachbau antiker Computer-Modelle zu. Hier: die Heimwerker-Gruppe Südheide, Ortsgruppe Worpswede, hat den Computer ,,Der große Teutoburger'' erstellt, der vorzüglich funktioniert. ,,Wieviel ist vier mal Drei?'' — ,,Zweiundzwanzig''. Richtig toll, was?

F

Fallrohr

Rohr mit großem Durchmesser, durch das menschliche Aus- und Abfälle nicht immer problemlos in die Tiefe fallen.

Falltüre

Gemeine Einrichtung, mittels derer findige Heimwerker unliebsame Besucher aus ihrer Wohnung entfernen. Wurde übrigens von einem adeligen Heimwerker mit Namen ,,Graf Dracula'' erfunden.

Farbenlehre	Eine Farbenlehre erhält der Heimwerker von seiner Gattin, wenn er diese unvorsichtigerweise mit seinem gesamten Monatslohn nur mal schnell in die Stadt zum Einkaufen geschickt hat. Und das geht dann so: Weib: ,,Weißt du eigentlich, daß man sehr gut Grün zu Blau tragen kann?'' Dabei packt sie dann zwei grüne Pullover zu zwei blauen Röcken aus. Weib: ,,Guck mal, zu meinen blonden Haaren kleidet mich gedecktes Rosa hervorragend!'' Dabei packt sie ein neues Frühjahrskostüm aus — und so geht es weiter.
Farbroller	Umschreibung für den Tobsuchtsanfall, den der ,,farbbelehrte'' Heimwerker am Ende der Farbenlehrevorführung seiner Gattin bekommt.
feilen	Das muß in Heimwerkerehen so etwas Ähnlichs wie ,,bimsen'' sein. Ich bin mir aber nicht sicher, ob der Heimwerker auch hierzu Mehl verwendet.
Feilkloben	Ich gehe davon aus, daß dieser Ausdruck unmittelbar mit dem vorher beschriebenen Begriff zusammenhängt.
Filz	Ein Ausdruck, der immer im Zusammenhang mit Heimwerkern im Staatsdienst gebraucht wird.
Filzscheibe	Schreibtisch eines beamteten Heimwerkers
Fingerzinken	Verbotenes Zeichengeben beim Heimwerkerpoker.

Filz:
„Vierhunderttausend Liter Heizöl bis vor die Haustür! Manche Heimwerkertypen haben doch mehr Glück als Verstand. Oder wie oder was?“

	Endet, wenn es von den betrogenen Mitspielern entdeckt wird, meist mit einem Kerbstich. (Siehe auch Kerbstich!)
Flächenspanner	Spanner, auch Voyeur genannt, der flächendeckend arbeitet. Muß besonders gute Ortskenntnisse besitzen. Das Hobby ist deshalb besonders gut für Kaminkehrer, Briefträger und Bettler geeignet.
flämmen	Eine Veredelungsmethode, die besonders von Liebhabern rustikaler Möbel sehr geschätzt wird. Zum Flämmen besorgt sich der Heimwerker einen richtigen Schweißbrenner und ausreichend Gas. Mit dem entzündeten Brenner geht er dann forsch an seine Holzmöbel. Ein Tip von mir: Achten Sie bitte darauf, daß der Feuerwehrnotruf 112 an diesem Tag auch wirklich funktioniert.
Fluchtschnur	Abseilvorrichtung für inhaftierte Heimwerker.
Flügelschraube	Hat mit einer Schreckschraube gar nichts zu tun. Die Flügelschraube ist eine Schraube, die in ihrem ursprünglichen Zustand zwei Flügel besessen hat, die dafür gedacht waren, die Schraube ohne Werkzeug anziehen zu können. Im Gebrauch aber ist die Schraube in aller Regel eingerostet, was den routinierten Heimwerker zur Wasserpumpenzange greifen läßt, um, hauruck, die beiden Flügel abzubrechen.

Flügelschraube:
„Wir können nicht länger auf den Klempner warten, die Flügelschraube unter dem Waschtisch muß es sein!“

Fräskopf	Beleidigung für Heimwerker. Der Begriff wird oft variiert in Holzkopf, Dummkopf, Saukopf... (Zutreffendes bitte ergänzen!).
Fuchsschwanz	Das sind diese buschigen Dinger, die pubertäre Heimwerkersöhne gerne an den Lenkstangen ihrer Mopeds anbringen. Sollten Sie Ihrem heranwachsenden Söhnchen auch einen Fuchsschwanz besorgen wollen, so denken Sie bitte daran, Füchse sind mitunter sehr schwer einzufangen. Verlieren Sie also nicht gleich die Geduld.
Fugenfüller	a) Bezeichnung für eine(n) gute(n) Bekannte(n), die oder der als Gast die Nacht bei einem Heimwerkerehepaar verbringt und in Ermangelung eines Gästezimmers auf den Fugen zwischen beiden Ehebetten schläft. b) Eine Art Spachtelmasse, die sich vornehme ältere Heimwerkergattinnen ins Gesicht schmieren und so vorhandene Fugen und Furchen ausgleichen.
Fugenkelle	Bezeichnung für die zierlichen Schwämmchen und Spachtelchen in Kosmetikdöschen.
Furnier	Allgemeiner Ausdruck für die Bekleidung der Heimwerkerfamilie
furnieren	heißt in der Heimwerkerfachsprache „anziehen".

Fräskopf:

„Zehntausend Mark bar auf die Hand habe ich diesem verdammten Fräskopf geboten für diesen einen Quadratmeter. Aber der Armleuchter will nicht. Ständig bohrt er neue Löcher und beobachtet uns und weit darüber hinaus."

Gatallisator

G

Gatallisator

Der Heimwerker sollte nicht nach seinen Rechtschreibekenntnissen beurteilt werden, sondern nach dem, was er für unsere stinkende Umwelt tut. „Ich habe ihn in vierundachtzig Arbeitsstunden erbaut, und er spart bis zu zweieinhalb Liter Benzin im Monat."

Gegenfurnier

An sich ist es dasselbe wie das Edelfurnier. Einziger Unterschied, das Gegenfurnier wird von neidischen Nachbarsgattinnen auch zu den unpassendsten Gelegenheiten (z.B. beim Gärteln) getragen.

Glasscheibe

Werkstoff, der, wenn geputzt, meist durchsichtig ist. Vorsicht, bricht leicht und kann nur sehr schwer wieder zusammengeklebt werden.

Glasschneide

a) sich selbst mittels Glas schneiden, (meist mit Glasscherben) was sehr saubere und glatte Schnitte ergibt. (Mancher Chirurg sollte sich daran ein Beispiel nehmen.)
b) das Glas selbst schneiden, was meist zu Brüchen desselben führt.

Gips

Eine Art weißes Pulver, weder brennbar noch explosiv, welches gelegentlich aus Heimwerkerköpfen rieselt. Nicht zu verwechseln mit Schuppen, die eindeutig auf die Verwendung eines falschen, meist selbstgebrauten Shampoos hinweisen.

Greifzirkel Geheimer Zirkel unter Heimwerkern. In etwa mit den „Freimauererern" zu vergleichen. Weil dieser Zirkel so geheim ist, können hier auch keine näheren Auskünfte erteilt werden.

Grundieranstrich Der erste Anstrich, den die Heimwerkergattin beim Schminken aufträgt.

Gummidichtung In Heimwerkerkreisen hochgelobtes Verhütungsmittel

Gummihammer a) Nachfolgeinstrument des berühmten Nudelholzes, bzw. des Fleischklopfers.
b) sehr beweglicher Körperteil des Heimwerkers.

H

Hammer Der Hammer ist ein nicht ungefährliches Werkzeug und zwar in jeder Hinsicht. Es gibt ihn in verschiedenen Größen und Ausführungen, und man kann ihn ganz verschieden einsetzen, z.B. zum Einschlagen von Nägeln, zum Abklopfen von altem Putz, zum Zerschlagen des Sparschweins. Man kann ihn auch dazu benutzen, die Schwiegermutter vom Diesseits ins Jenseits zu befördern. Manche Heimwerker haben auch Hämmer, die zwar nicht aus Metall, aber trotzdem nicht weniger gefährlich sind.

1. Vor dem ersten Konzert wird durch Los festgestellt, welches Familienmitglied endlich Noten lernen und Unterricht nehmen darf. Dabei kann seitens der Eltern das Glück zugunsten des jüngsten Musikanten im Hause durchaus ein wenig korrigiert werden.

2. Gern entscheidet man sich für die Geige, mit der das Kind auch im Wald üben kann. Der Heimwerker kann einen sehr praktischen Koffer für den Transport der Geige und des Geigenschülers entwickeln, die das Einhalten der Geigenstunden diskussionslos sicherstellen.

Hausbar	Darf in keinem Heimwerkerkeller fehlen. Hier werden im trauten Kollegenkreis die besten Heimwerkerideen geboren.
Hausmusik	Besonders beim gebildeten Heimwerker beliebt, da er mit vielen seiner Werkzeuge die interessantesten Töne von sich geben kann. Ja, die Musik ist eine Kunst, die aus Ton gemacht wird. Wer im Laufe seines Lebens sämtliche Finger plattgeklopft hat, sollte nicht unbedingt das Klavier als Hobby wählen, bei dem er zwangsläufig zwei oder drei Tasten auf einmal erwischt.
Heimwerkermarkt	Zweimal im Jahr stattfindender Markt, auf dem Heimwerker frei gehandelt werden. Heimwerkermärkte werden meistens von Heimwerkerwitwen, heiratslustigen Jungheimwerkerinnen und scheidungswütigen Altheimwerkerinnen besucht.
Heimwerkermaschine	Ehefrau eines Heimwerkers über 250 Pfund.
Hirnholz	Eine Krankheit unter Heimwerkern, die ausschließlich mit Holz heimwerkeln. Als deutliches Krankheitssymptom gilt Holzmehl auf dem Anzugkragen des Heimwerkers. Mit wachsender Verholung des Heimwerkerhirns beginnt auch eine zunehmende Schwerhörigkeit und Sturheit.

3. Bevor man zum ersten Hauskonzert bittet, sollte man die Melodien der KLEINEN NACHTMUSIK von Mozart so eindeutig blasen, daß die mitsingenden Gäste nicht ins Schleudern kommen. Oder man einigt sich von vornherein auf ein einfaches Mitsummen.

4. Jedes Familienmitglied kann spielen, womit und worauf es will. Die Flöte hat nur ein paar Löcher, das Klavier hingegen 88 Töne, von denen man durchaus mehrfach sechs richtige treffen kann. Es klingt gut, wenn alle zur gleichen Zeit das gleiche Stück spielen.

Idealsofa

Hobel Das ist ein Instrument des Heimwerkers, welches er in jungen Ehejahren fast täglich einsetzt. Mit zunehmendem Alter aber immer mehr vernachlässigt, bis es stumpf und damit unbrauchbar geworden ist.

Hohlkehle Umschreibung für einen Heimwerker, der säuft.

I

Idealsofa Es wurde zum Selbstmontagepreis von nur zweitausend Mark für den nicht allzu verbohrt fleißigen Heimwerker auf den Markt geworfen. Es ist das Idealsofa für jeden gepflegten Haushalt mit dem einmaligen Vorteil: Man kann es nicht als Gästebett umbauen.

J

Imprägnieranstrich Der Heimwerker meint damit den doppelten Magenbitter, den er schluckt, bevor er sich der Kochkunst seiner Gattin anvertraut.

K

Kalk Ähnlich wie Gips, eine Art weißes Pulver, das oft auf den Revers älterer Heimwerker zu beobachten

	ist. Man spricht dann vom verkalkten Heimwerker.
Kamin, Lob des offenen	Altenglischer Kaminspruch: „Vorn schweigt man still, aber hinten knirscht man mit den Zähnen." Soll der Heimwerker es selbst oder vom Fachmann besorgen lassen? Es kommt darauf an, was er mit dem Kaminbau bezwecken will, wie unser Bildbericht zeigt.
Kantenzwinge	Extrem knochige Ausführung einer Schraubzwinge.
Klappenhalter	Das ist ein Gerät, welches der Heimwerker seiner ewig schnatternden Gattin so vor das Mundwerk praktiziert, daß selbige gezwungen ist, die Klappe zu halten.
Klappscharnier	An besonders ausgeklügelten Klappenhaltern angebrachtes Scharnier, welches der Gattin die Nahrungsaufnahme gestattet, das Schnattern jedoch unmöglich macht.
Kleinholz	Ist in der Heimwerkersprache das kleine „Langholz". (siehe Langholz!)
Kneifzange	Eigentlich muß es Keifzange heißen. Es handelt sich dabei um eine spezielle Art von Beißzange. Übrigens: für Keifzangen gibt es jetzt eine besonders haltbare Ausführung von Klappenhalter.

Kamin

1. Echte Gemütlichkeit, liebevoll verträumte Gespräche, die gibt es nur in der entspannenden Behaglichkeit am offenen Kamin.

2. Preiswerte Selbstbausätze erlauben es, mit wenigen Handgriffen einen prachtvollen Kamin nachträglich einzubauen.

3. Ein guter Kamin ist ein Kunstwerk. Glücklich, wer einen international gefragten Meister dieses Fachs engagieren kann.

4. Mag der Kamin auch noch so schön geworden sein: Zur Party sollte man nie mehr Gäste einladen, als um den Kamin passen.

Kombizange

Wer als Heimwerker mit einer Kombizange verheiratet ist, ist gestraft. Die Kombizange vereint in sich alle Tugenden von der Beißzange bis hin zur Keifzange.

Kurzschluß

Entsteht immer dann, wenn sich der Heimwerker an die häusliche Stromversorgung wagt. Meist brennt dabei die Hauptsicherung durch. Das ist aber kein Grund zur Besorgnis. Überbrücken Sie die durchgebrannte Sicherung einfach mit einem starken Draht, die Erleuchtung wird nicht lange auf sich warten lassen.

L

Lackieren

Es handelt sich um eine besondere Art des Anstreichens. Lackieren können Sie praktisch alles, vom Nähkästchen Ihrer Frau bis hin zu den Ehebetten. Wenn Sie Ihre Ehebetten lackieren wollen, dann sollten Sie vorher Ihre Gattin, die Federbetten und die Federkernmatrazen aus den Bettgestellen entfernen. Es sei denn, Sie wollen ein ganz neues Schlafzimmergefühl erproben. Dazu würde ich Ihnen aber empfehlen, den Lack nicht mit dem Pinsel, sondern mit einer Spritzpistole aufzutragen. Nehmen Sie vor allem eine freundliche Farbe, vielleicht mit einem Stich ins Rot, das gibt dem Ganzen einen Stich ins Verruchte.

Langholz	Damit meint der Heimwerker ,,großes Geld'', also Hundert-, Fünfhundert- und Tausendmarkscheine. Das Gegenteil von Langholz ist beim Heimwerker das ,,Kleinholz'', zu Deutsch das Kleingeld. (Siehe auch Kleinholz!)
Langholzdrechseln	Umschreibung für das heimliche Herstellen von Falschgeld in Heimwerkerkellern.
Lammfellrolle	Bezeichnung für eine dicke Heimwerkergattin, die sich keinen Pelz, sondern nur einen Lamm- oder Schaffellmantel leisten kann.
Latte	a) Dachlatte — zum Dach gehörendes Teil b) Zaunlatte — zum Zaun gehörendes Teil
leimen	Bei manchen Geschäften unter Heimwerkern spricht man gelegentlich von leimen bzw. geleimt. Das ist zwar nicht gerade die feine englische Art, meist sind es Geschäfte auf Gegenseitigkeit. Richtig geleimt wird der engagierte Heimwerker, wenn er blind darauf vertraut, was auf Farbdosen und sonstigen Packungen steht, die er für teueres Geld in großen Heimwerkermärkten ersteht.
Locheisen	Das Material ist längst überholt. Wurde von früheren Dorfschmieden zur Herstellung von Keuschheitsgürteln verwendet.

5. Endlich werden verführerische Kaminszenen Wirklichkeit, wie man sie selbst nur aus zauberhaften Hollywoodfilmen kannte.

6. Bald sind alle Anfangsschwierigkeiten überwunden. Viele glückliche Stunden vor dem Kamin entschädigen für manches Leid.

Love-Story

Lösungsmittel

Das sind Mittel, die alles lösen, auch eine komplizierte Ehe. Z.B. eignet sich Arsen, in täglich kleinen Dosen verpaßt, hervorragend. Wem das zu langsam geht, der kann es auch mit einem der gängigen Verdünner probieren. Man verabreicht ihn schlückchenweise zum Tee. Besonders geeignet ist dieses Lösungsmittel, wenn Ihre Gattin infolge eines starken Schnupfens nichts riecht.

Löten

Manche Heimwerker sprechen auch von „verlöten". Mitunter sehr angenehme Tätigkeit des Heimwerkers, die er meist außerhalb seiner Heimwerkerehe ausübt. Was er vor allem dazu braucht, ist ein Lötkolben, der ihn nicht im Stich läßt.

Love-Story

Auch unter Heimwerkern nicht völlig ausgeschlossen. „Und woran denken Sie, lieber Herr Hanemann, wenn Sie micht mit Ihren verträumten blauen Heimwerkeraugen so traulich anschauen?"

M

mattieren

Geschicktes Täuschungsmanöver eines raffinierten Heimwerkers. Beim Mattieren täuscht der Heimwerker sehr gekonnt eine große Mattigkeit vor. Den Trick benutzt er meist dann, wenn ihn seine bessere Hälfte zu anstrengenden Hausarbeiten, wie Staubsaugen, Mülleimer leeren etc. überreden will.

	Gelegentlich mattiert er auch, wenn die Gattin ihn allzu oft an die eheliche Pflicht ermahnt.
mauern	Unfaires Verhalten bei Fußballbegegnungen unter Heimwerkern.
meißeln	Ist der sinnlose Versuch, mit einem großen Hammer einen kleinen Stahl zu treffen. Endet immer mit einem blutigen und blauen Daumen.
Messing	Hautfreundliches Material zur Anfertigung von Steckschlössern jeder Größenordnung (siehe auch „Steckschloß”).
Messingdrahtbürste	Reinigungsgerät für die Sauberhaltung eines Steckschlosses. Sieht so ähnlich aus wie eine Zahnbürste. Bitte nicht mit selbiger verwechseln.
Metallsäge	Besonders hartnäckige Nervensäge.
Mineralwolle	Kräftige und vor allem strapazierfähige Wolle, die sich gut zum Stricken von Heimwerkerpullovern eignet. Läuft auch bei höheren Waschmaschinentemperaturen nicht ein und braucht keinen teueren Weichspüler. Fragen Sie am besten mal in ihrem Woll-Lädele nach.
Möbel	Ein richtiger Heimwerker kauft keine Massenware. Er baut seine Möbel selbst im Schweiße seines Angesichts. Bevor er zu großen Taten schreitet, er-

Möbel:
„Ich suche nur meinen
eingebauten Wandschrank!“

Mörtel:
„Kannst du nicht einen Ton sagen, wenn du deinen Mörtel auf meinem Küchenhocker anrührst?“

probt er sein Geschick an kleinen Dingen, beispielsweise: Fußschemel, Badeschränkchen, Blumenbänkchen usw. Im fortgeschrittenen Stadium zimmert er ganze Wohnzimmereinrichtungen mit integrierter Hausbar und abschließbarem Fernsehschrank. Schließlich wagt er sich sogar an das Schlafzimmer mit Einbauschrank in weißem Schleiflack. Und was eine richtige Heimwerkersgattin ist, die häkelt und stickt ganze Bettumrandungen, Badezimmermatten, Deckelchen für den Klodeckel und Häubchen für die Klorolle, die schließlich die Hutablage des neuen Heimwerkerautos ziert. Nicht zu vergessen, ein bis eineinhalb Quadratmeter „Röhrender Hirsch" im Kreuzstich, der das Heimwerkerheim erst so richtig gemütlich macht.

Möbelbeschläge Das sind kleine und größere Beschädigungen, die die lieben Heimwerkerkinderchen im Laufe der Zeit den schönen Heimwerkermöbeln zufügen und die von der Heimwerkergattin mittels Deckchen geschickt vor den strengen Augen des Heimwerkers verborgen werden.

Mörtel Eine Mischung aus Sand, Zement, Kalk und Wasser, die der Heimwerker wenig elegant, dafür mit großem Schwung in der vagen Hoffnung an eine Mauer wirft, daß sie hängen bleiben möge, was die Mischung, weil falsches Mischungsverhältnis, eben nicht tut. Was den Heimwerker nach geraumer Zeit veranlaßt, zur Ankurbelung der Baukonjunktur einen Schwarzarbeiter zu beschäftigen.

Multiplexplatten

Eigentlich heißen diese Platten „Multiperplexplatten". Ins gute Gebrauchsdeutsch übersetzt: Vielfachperplexplatten. Das sind vom Heimwerkerweibchen angerichtete Kalte Platten, für die es sehr viel Geld ausgegeben hat, obwohl es sich vorher beschwert hat, keinen Pfennig Haushaltsgeld zu besitzen. Eine Multiperplexwirkung haben diese Platten weniger auf die Gäste, mehr auf den erstaunten Heimwerker.

N

Nachbarschaft, von der guten

Gerade der Heimwerker ist wegen seiner vielfältigen Geräuschentwicklung in ganz besonderer Weise von einer wirklich guten Nachbarschaft abhängig. Das muß man ganz klar sehen, wie das Auge ja eines der wenigen Sinnesorgane ist, mit dem man etwas sehen kann.

Nägel

Spitze Metallstifte verschiedener Längen, die meist in gebogener und leicht angerosteter Form in alten Brettern stecken und nur darauf lauern, daß endlich ein Dummer in sie hinein tritt.

Nachbarschaft
von der guten

1. Wintertags sieht man den Nachbarn kaum. Höchstens, wenn er vom Skiurlaub heimkehrt.

2. Wie herrlich, wenn man im Sommergarten die Nachbarn wieder singen und lachen hört.

4. Endlich kann man sich kleine Gefälligkeiten erweisen, die Post zutragen und so.

5. Man nimmt wieder an des Nachbars Grill-Party teil, genießt aufschlußreiche Stunden.

nageln	Das kann in Heimwerkerkreisen vieles heißen. Eine Form des Nagelns wird z.B. auf Rummelplätzen angeboten: Bretter mit herausstehenden Nägeln. Jeder Schlag auf einen Nagel kostet 50 Pfennig. Für 10 Schläge erhält der Heimwerker eine Rolle Drops, die er dann stolz seinen Heimwerkerkinderchen schenkt. Manche Heimwerker sollen vom vielen Nageln ganz vernagelt sein. Mit Nageln bezeichnen auch manche Heimwerker die Tätigkeit, die gelegentlich zur Fortpflanzung von Heimwerkerfamilien führt. Ich weiß bloß nicht, ob bei dieser Art von Nageln auch tatsächlich richtige Nägel mit im Spiel sind. Also zutrauen würde ich es einem richtigen Heimwerker schon.
Nieten	Abfälliger Ausdruck für Heimwerker, die über Laubsägearbeiten nie hinausgekommen sind.
Nietenzange	Abfälliger Ausdruck für die „bessere Hälfte" einer solchen Niete.
Nitroverdünner	Schnell wirkendes Lösungsmittel (siehe „Lösungsmittel").
Nuten	Das ist bewußt falsch geschrieben. Da fehlt nämlich ein „t". Aber wie schon gesagt, Heimwerker neigen sehr dazu, manche Dinge nicht richtig beim Namen zu nennen. Nuten sind auf Heimwerker ab-

6. Gefühle der Hilfsbereitschaft und Dankbarkeit finden wieder ihren freien Lauf.

7. Man verkehrt nicht über den Rechtsanwalt, sucht vielmehr die herzlichste Aussprache.

8. Ja, die innigsten Verbindungen lassen sich durch Zaun und Hecke verschwiegen anbahnen.

9. Und die Krönung der Nachbarschaft: Vom Nachbarn unerwartet ein Nachnahmepaket . .

Operation, selbstgemacht

gerichtete Damen, die nur die eine Aufgabe haben, den Heimwerkern das ach so schwere Heimwerkerdasein zu versüssen, allerdings nicht umsonst.

Nutfräser

Heißt in Bayern „Schnallentreiber".

O

Operation, selbst gemacht

Gern legt sich die Heimwerkergattin mit dem Blinddarm oder den Mandeln dick und breit ins Krankenhaus. Für 380 Mark am Tag. Das kann sich der geschickte Heimwerker leicht selbst verdienen. Erkundigen Sie sich bei Ihrer Krankenkasse, die Ihnen gern ein Merkheft für die Durchführung der Operation gibt. Der Heimwerker arbeitet seiner Natur nach weitaus präziser und verantwortlicher als irgendein unbekannter Chirurg. Nebenstehenden Fall mißverstandener Tierliebe konnten wir jüngsterdings beobachten: „Aber nur ausnahmsweise, Hassolein, weil du heute Geburtstag hast."

P

Patina

Wenn die Damen der Heimwerker von Patina sprechen, dann meinen sie das leicht gealterte ungeschminkte Aussehen einer ihrer Kolleginnen.

Peddigrohr	In streng katholischen Heimwerkergegenden (z.B. in der Oberpfalz) Ausdruck für den ,,kleinen Unterschied'' zwischen Jungheimwerkermännchen und Jungheimwerkerweibchen. Ist nicht ganz richtig geschrieben, müßte eigentlich Pettingrohr heißen.
Pergula	ital: Pergola... der Vorbau Mit Pergula bezeichnen Heimwerkerdamen recht neidvoll den Vorbau jüngerer Heimwerkergattinnen, den diese durch Tragen von trägerlosen Kleidern ins rechte Licht setzen.
Pentachlorphenol	Bewährtes Mittel, um unliebsame Schwiegermütter vom warmen in den kalten Zustand zu bringen, ohne verdächtigt zu werden, ein Schwiegermüttermörder zu sein. Sie brauchen nur alle Holzteile im Schlafzimmer ihrer Schwiegermutter mit einem einschlägigen Holzschutzmittel renovieren. Sollte zuwenig Holz vorhanden sein, dann ziehen Sie doch einfach eine dekorative Holzdecke ein.
Pilzbefall	Pilzbefall im Heimwerkerhäuschen ist ein gutes Zeichen, man könnte sagen, es ist ein Wink des Schicksals. Zögern Sie nicht lange, eröffnen Sie eine Champignonzucht.
Pinsel	Mehrdeutiger Begriff in der Heimwerkerfachsprache.

Pentachlorphenol:
„Das ist aber reizend, daß Sie uns gleich am Einzugstage besuchen kommen!“

Pinselpflege:
„Ich würde Oskar nicht
dauernd im Wege stehen!“

a) Pinsel allgemein = Stiel mit Haaren, in der Form variierend. Er wird meistens verwendet zum Anstreichen und Lackieren.
b) Pinsel zweideutig = Stiel mit Haaren, in der Form einander ähnelnd, in der Größe recht unterschiedlich. Wird eigentlich nie zum Anstreichen und Lackieren verwendet.
c) Einfaltspinsel = Heimwerker dem, ganz gleich ob er den Pinsel a = allgemein, oder den Pinsel b = zweideutig in der Hand hält, nichts rechtes einfällt.

Pinselpflege

Hier muß natürlich auch wieder zwischen a, b und c unterschieden werden.
Pinselpflege zu a) erübrigt sich, da es sich bei den modernen Pinseln in der Regel um reine Wegwerfprodukte handelt. D.h. der Heimwerker wirft natürlich den Pinsel nicht gleich nach Gebrauch weg, dafür reut ihn das Geld zu sehr. Er steckt den Pinsel nach getaner Arbeit erst mal in eine Büchse mit Wasser. Diese stellt er längere Zeit in den Keller und wartet, bis das Wasser verdunstet ist. Dann ist der Pinsel endlich hart geworden, und er kann ihn beruhigt und mit völlig gutem Gewissen in den Mülleimer werfen.
Pinselpflege zu b): Diesen Pinsel sollte man nicht zu lange im kalten Wasser im Keller stehen lassen, das nimmt er im wahrsten Sinne des Wortes äußerst krumm.

Preisträger

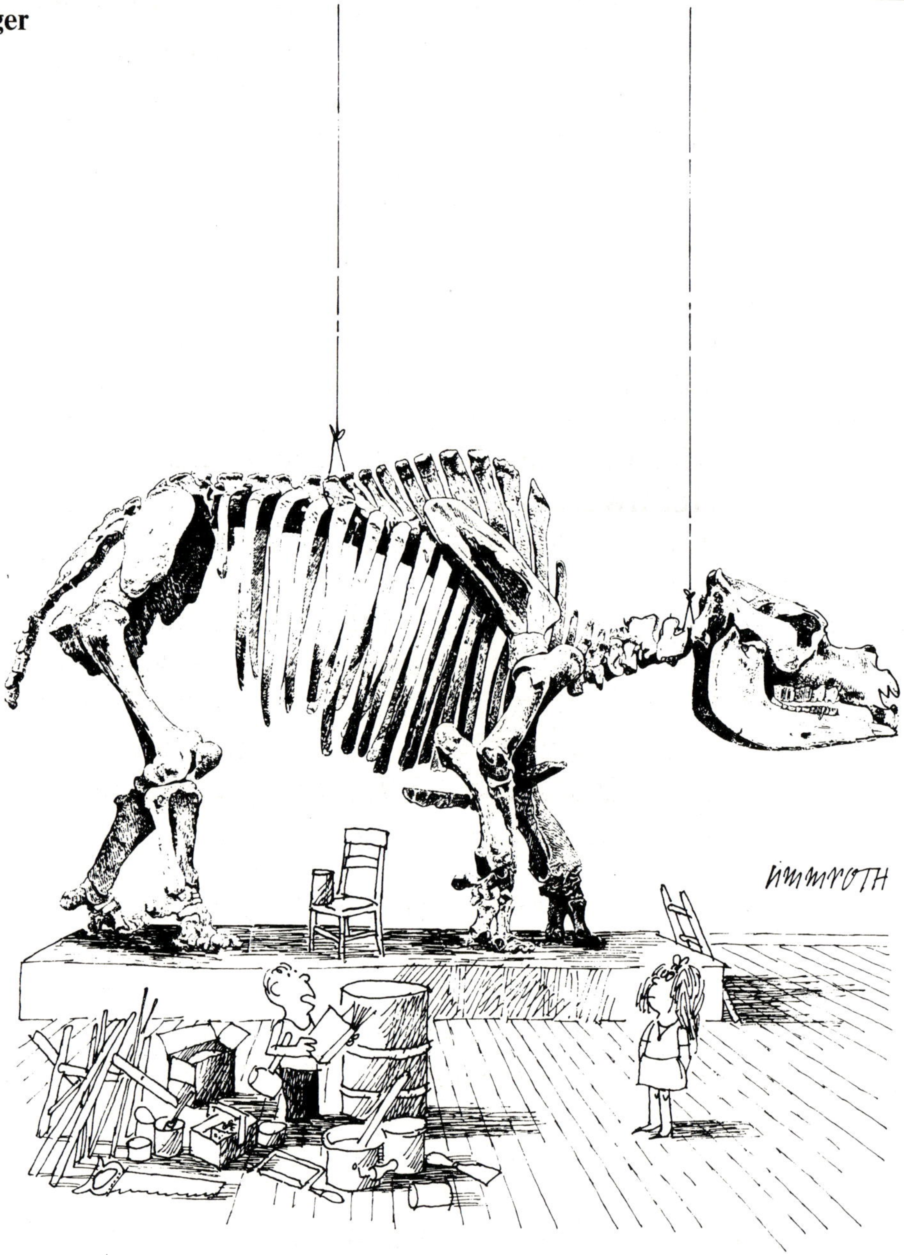

Pinselpflege zu c): Dem Einfaltspinsel genügt in aller Regel das einmalige Duschbad in der Woche.

Pneumatisches Schlagwerk

Eine Erfindung der Brutalinskis unter den Heimwerkern. Das Gerät, weder TÜV- noch sonstwie geprüft, soll ihnen die mühsame Versohlarbeit ihrer Eheweiber abnehmen.
Es soll schon vorgekommen sein, daß findige Damen dieses Gerät so umgebaut haben, daß es seinen Konstrukteur erschlagen hat.

Polierstock

Altmodisches Gerät. Dient der Erziehung der Heimwerkerkinder. Kann auch für die Erziehung der Heimwerkerehefrau verwendet werden.

Porenfüllpulver

Gibt es in Kosmetiksalons. Es handelt sich um eine Art Puder, der gern von Heimwerkerdamen mit besonders großporiger Haut verwendet wird.
Wenn gerade nichts anderes im Haus ist, kann das Porenfüllpulver auch zum Verspachteln von Wandlöchern verwendet werden.

Prägetapete

Ob ihrer individuellen Verarbeitung sehr eindrucksvolle, sprich: einprägsame Tapete.

Preisträger

im Jungheimwerkerwettbewerb: „Ich hatte mir so sehr den Selbstbaukasten für einen kleinen Sportwagen gewünscht. Und nun habe ich diesen Scheißerstenpreis gekriegt."

Profil

Ist das, was eigentlich auch Heimwerkern fehlt.

Putz:
„Koste doch mal, ob es nach Petroleum schmeckt, vielleicht sind wir auf eine Öl-Ader gestoßen!"

Profilkrallen	Respektloser Ausdruck für die langgewachsenen, in dunklem Rot lackierten Fingernägel einer Heimwerkergattin.
Putz	Ist das, worauf der Heimwerker ständig haut.

R

Rändelschraube	Besonders vorlaute Schreckschraube.
Raffrollo	Abkürzung für „raffiniertes Rollo" Eine auf einer Holzstange aufgespannte Stoffbahn, in der Regel an Schlafzimmerfenstern angebracht, an deren einem Ende eine Schnur hängt, die dafür gedacht ist, die Stoffbahn vors Fenster zu ziehen, damit das Heimwerkerpärchen vor fremden Blicken geschützt wird. Kann es aber nicht, weil der Raffrollo, sprich raffinierte Rollo, nur wenige Augenblicke hält, dann zurückschnellt und dabei die Schnur mit nach oben nimmt und sie um sich wickelt.
Reliefwalze	Bezeichnung für den Anita Eckberg-Typ unter den Heimwerkergattinnen.
Retuschierstifte	Stifte in verschiedenen Farben, mit der sich allzuviel Patina ansehnlicher machen läßt. Gibt's in der Kosmetikabteilung eines jeden Heimwerkermarktes.

Rohrzange:
„Hat mein fleißiger Schnuckiputz die Rohrverstopfung gefunden?“

Revolverdrehbank	Aus dem Wilden Westen überlieferte Heimwerkermaschine, auf der auch noch der heutige Heimwerker wie zu Urgroßvaters Zeiten seine Schießeisen selbst herstellt.
Revolvertiefenanschlag	Nur bei Heimwerkerstammesfehden gestatteter Anschlag eines Revolvers. Der Erfinder war der berühmte Zahnarzt Doc. Holliday. Der Revolvertiefenanschlag darf in gar keinem Fall bei familiären Auseinandersetzungen praktiziert werden. Wer dieser Anordnung zuwider handelt, bekommt in jedem Fall 10 Minuspunkte.
Rohrzange	Gehört in die Familie der Beißzangen. Lang aufgeschossenes Exemplar mit stets zum Angriff nach vorn geneigtem Kopf. Im allgemeinen aber recht friedlich. Nicht geeignet für Einladungen zu Heimwerkerparties, die in niedrigen Kellerbars gefeiert werden.
Rost	Braune Stellen am Heimwerkerauto, mit denen man leben muß.
Rostumwandler	Moderner Ausdruck für Lumpen- und Alteisensammler.
Rund biegen	In zwei Worten sehr bildhafte Erklärung für die Methode, nach der Heimwerker ihre Sprößlinge erziehen.

Rundkopfniete:
„So Spatz, deine Jalousien
sind jetzt wieder tiptop
in Ordnung und quietschen
nicht mehr!“

Rundform Dieser Begriff beschreibt, wie ich meine, sehr schön die Hinteransicht von vereinzelten Heimwerkerehefrauen.

Rundkopfniete Niedlicher Ausdruck für eine Niete mit besonders großem Kopf. In Bayern unter dem Begriff ,,Bierschädel'' bekannt.

Rundumleimer Heimwerker, der bereits die gesamte Nachbarschaft übers Ohr gehauen, sprich ,,geleimt'' hat (siehe dort!).

S

Säge In der Heimwerkersprache allgemeiner Begriff für weibliche Nervensäge.

Sägetisch Spezieller Tisch, der für den Trick ,,Zersägte Jungfrau'' unbedingt gebraucht wird.

Schalldämmung Gekonnt geführter Schlag auf das ewig schnatternde Mundwerk einer ,,Keifzange'' (auch Kneifzange genannt).

Schaumgummi Beliebtes Material zur Vortäuschung einer größeren Oberweite bei Kaffeekränzchen, Hausbällen und sonstigen festlichen Gelegenheiten. Das Material gibt es selbstverständlich in der Farbe zu jedem Kleid passend.

Schiebetüren	Das sind Türen in Heimwerkerhäuschen, die — weil ein entsprechender Mechanismus fehlt — nicht von tobsüchtigen Heimwerkern zugeschlagen werden können. Bei Nachbarn von Heimwerkern sehr geschätzte Erfindung.
Schleifstein	Ausdruck für unbequemes Sitzmöbel, welches einst einen Dichter zu der Aussage brachte: ,,Der sitzt da wie der Affe auf dem Schleifstein''.
Schlosserhammer	Besonders kräftiger Hammer, der Gottseidank nicht nur bei Schlossern zu finden ist.
Schrauben	Es gibt soviele verschiedene Schrauben, daß ich mich nicht mit allen Unterarten, sondern nur mit zwei Arten befassen kann. a) die Normalschrauben b) die Schreckschrauben Unter Normalschrauben fallen die gängigsten aller Heimwerkergattinnen. Unter Schreckschrauben fallen nur die wenigen wirklich giftigen Exemplare. Die aber sind mit äußerster Vorsicht zu genießen. Roh genossen bereiten sie starke Kopf- und Magenschmerzen.
Schraubendreher u. Schraubenzieher	Bedauernswerter Heimwerker, der mit einer Schreckschraube verheiratet ist.

Schrauben:
„Soll ich dir den Schraubenzieher geben?“

Schraubverbindung:
„Willst du denn nicht doch lieber nochmal die Gebrauchsanweisung für den Zusammenbau des Eigenheims durchlesen?!“

Schraubenzwinge	Besonders ausladende Schreckschraube. Setzt sich auch in der Größe deutlich vom normalen Heimwerker ab. Gut zu erkennen am markanten Gebiss und an den großen Händen.
Schraubstock	Besonders übler und vor allem sehr schmerzhafter Würgegriff einer Schreckschraube. Wird von dieser meist angewendet, wenn ihr braver Heimwerker mal auf ein Bierchen das traute Heim verlassen möchte.
Schraubverbindung	Ehe zwischen Schraubendreher und Schreckschraube bzw. zwischen Schraubenzieher und Schreckschraube.
Schublehre	Auch Schieblehre genannt. Ist das sogenannte Pubertätsstadium, das jeder Heimwerker durchmachen muß. Früher begann die Schublehre so um das 18. Lebensjahr. Heute allerdings schon einige Jahre früher.
Schubriegel	Der sinnlose Versuch eines besorgten Heimwerkervaters, der Schublehre seiner Sprößlinge einen Riegel vorzuschieben.
Spachtelmasse	Kosmetika für Heimwerkerdamen.
spachteln	a) schminken b) Brotzeit machen
Spannvorrichtung	Ausdruck für das Fernglas eines Spanners.

Spiritusbeize	Geheime Kneipen im Bodenseegebiet, in denen ausnahmslos schwarz gebrannter Schnaps ausgeschenkt wird.
Spitzzange	Gehört auch in die Familie der Beißzangen. Ist jedoch weniger bissig.
Spreizdübel	Unterschiedlich großer Stopfen, der in bereits vorhandene oder gerade neu gebohrte Öffnungen eingeführt wird.
Spritzpistole	Technisch sehr raffiniert ausgestattete Wasserpistole für kindische Heimwerker.
Stechahle	Nordeutscher Ausdruck für den bayerischen Stechbeitel.
Stechbeitel	Ordinärer bayerischer Ausdruck.
Stichsäge	Heimwerkergattin, die ständig an ihrem Heimwerker herumstichelt. Stirbt meistens keinen natürlichen Tod.
stumpf nageln	Ausdruck für die wöchentlich nach der Lottozahlen-Ziehung stattfindende eheliche Pflichtübung bei Heimwerkerehepaaren. Aus Sparsamkeitsgründen werden beim „Stumpf nageln" sämtliche Lichter in der Wohnung gelöscht.

Spritzpistole:
„Aber jetzt brennt das
Licht wieder, gelt?“

T

Tacker	Progressiver Heimwerkertyp
tapezieren	Ist die Kunst, seine Wohnung mit Papier- oder Stoffbahnen zu bekleben, ohne dabei die Nerven zu verlieren und ohne die Ehefrau grundlos zu beschimpfen
Tapeten überstreichen	Nach dem Tapezieren, besonders die ersten Male, überstreicht der Heimwerker klugerweise seine gemusterte Tapete mit einer gutdeckenden Farbe. Das erspart ihm meistens den Spott des Nachbarn.
Tierliebe	unter Heimwerkern. Noch während des Untergangs des Motordampfers LA PALOMA fertigte der Bootsmannsmaat Jens P. Feudel aus Hamburg-Eidelstädt, schon bis zum Nabel im eiskalten Wasser, für seinen Goldfisch Hansi ein Rettungsboot an, auf dem das Tier im Glase bis zum Schweinesand und von da aus in Richtung Dammtorbahnhof segelte, wo es von der Inneren Mission aufgenommen und verpflegt wurde.
Tonziegel	Dachziegel aus einem robusten Vollmaterial, die, wenn sie vom Dach fallen und auf den Kopf eines Passanten auftreffen, bei diesem einen nachhaltigen dumpfen Ton erzeugen, der meist zu einer angenehmen Ohnmacht führt.

Tierliebe

Türfalle:
„Meinen Mann müssen
Sie bitte entschuldigen,
er streicht gerade Türen an!“

Treibhammer	Sehr triebhafter Hammer, der seinen Eigentümer zu immer neuen (Un)taten treibt.
Trennscheibe	Elektrisches Gerät, mit dem der Heimwerker bei zerrütteter Ehe die sprichwörtliche Trennung von Tisch und Bett durchführt.
Türfalle	Einfache, aber recht wirkungsvolle Fallen, die meist von betrogenen Heimwerkergattinnen aufgebaut werden. Was dazu gebraucht wird, ist nichts weiter als ein wenig Geduld und ein kräftiges Nudelholz. So ausgestattet wartet die Treusorgende hinter der Haustür auf die Heimkehr ihres Heimwerkermännchens. Den Rest können Sie sicher leicht erraten.

V

versteckt dübeln	Wird meist im Auto praktiziert, nur nicht mit dem angetrauten Ehepartner.
Viskosität	Charmante Umschreibung für die Finanzlage des Heimwerkers. Viskosität bedeutet nämlich „Flüssigsein".
Viskosimeter	Kontoauszug des Heimwerkers. Er zeigt auf einen Blick seine Viskosität.

Vorstecher

V-Nutenfräser	In Nutenfräserkreisen (siehe auch „Nutenfräser") eingeschleuste V-Männer des Bundeskriminalamtes. Meist handelt es sich dabei um eigens ausgesuchte Beamte, die eine längere Heimwerkerpraxis nachweisen können.
Vorreiberschraube	Gehört in die Familie der Schreckschrauben. Ist ungefähr so genießbar wie der grüne Knollenblätterpilz.
Vorstecher	Fachliche Bezeichnung des Heimwerkers für ein durch äußere Schönheit hervorstechendes Fernsehgerät, wie unsere drei Beispiele zeigen.

W

Wasserbeize	Kneipe für besonders gottesfürchtige Abstinenzler. Gibt es in sogenannten Heil- und Kurbädern.
Wasserrohrzange	Gehört zwar auch zur großen Familie der Beißzangen, ist aber von allen die friedlichste. Ältere Modelle sind meist schon stark ausgeleiert und damit völlig ungefährlich.
Wiener Kalk	Öliger Brei, mit dem die Wiener Heimwerker (auch Schmähbrüder genannt) ständig ihr Image aufpolieren.

X

Xylamon

Eigens für dieses Nachschlagewerk von einem großen Chemiekonzern erfundenes Mittel mit den Buchstaben X und Y am Anfang, um für den vorvorletzten und vorletzten Buchstaben im Alphabet einen Begriff zu haben. Wir bedanken uns an dieser Stelle bei der Geschäftsleitung des Konzerns.

Z

Zinkenverbindung

Geheimbund zinkender oder gezinkter Heimwerker. Regelmäßige Treffen sollen stattfinden. Wo, weiß allerdings niemand.

Zylinderschloß

Verfeinerte Form des Steckschlosses, welches — wie auch das Steckschloß — den mittelalterlichen Keuschheitsgürtel überflüssig macht. Blamiert ist allerdings beim Zylinderschloß derjenige Heimwerker, der den Sicherheitsschlüssel für das Zylinderschloß verloren und die Schlüsselnummer nicht aufgeschrieben hat.

Telefon 089 / 132001, Telex 5215528 tvfd

Satz: prograph gmbH, München, Printed in Italy
ISBN 3-8231-0101-3